Peter Butschkow

Überleben ab vierzig

Lappan

Foto: © Fernando Baptista

Der Autor: **Peter Butschkow,**
in Cottbus geborener Berliner.
Jünger, als dieses Buch Seiten hat,
aber älter, als er aussieht.
Lebt an der nordfriesischen Küste
mit Vaterstolz und Mutterwitz.
Zeichner und Textautor.

© 2008 Lappan Verlag GmbH
Postfach 3407 · 26024 Oldenburg
www.lappan.de, E-Mail: info@lappan.de
Druck und Bindung: Proost International Book Production
Printed in Belgium
ISBN 978-3-8303-3176-6

Vorwort

Objektiv bist du heute grade mal einen lächerlichen Tag älter geworden, also deswegen gleich ein ganzes Buch? Aber ja!! Jeder Geburtstag dient nun mal als Gedenkmarke eines Lebens und als willkommener Anlass, die liebsten Menschen um sich zu scharen und sich von ihnen preisen und beschenken zu lassen. Konzentriere dich auf das Wohlgefühl, dass du die Vierer-Staffel an Jahren erreicht, dich vielleicht auch schon prima in sie eingelebt hast, und lausche dem süßen Kompliment, du würdest optisch noch locker als Endzwanziger/-in durchgehen. Das sind dir deine Gäste als Ausgleich für die üppige Bewirtung einfach schuldig. Die vierziger Jahre, was für eine großartige Zeit – und du mittendrin! Die beiden US-Miesepeter Midlife und Crisis reden über dieses Alter von einer kritischen Lebensphase, von Selbstgeißelungen und Sinnkrisen ist die Rede, Frauen wollen zum Dalai-Lama, Männer zu Scarlett Johannsen. Na und? Beide sind eine Reise wert, und wenn das dazu beiträgt, dass du ein bisschen in der Welt rumkommst, so erfahren dann eben noch mehr Leute, was du für ein großartiger Mensch bist. Hörst du das Hupen auf der Straße? Der Autokorso gilt dir! Nun geh schon auf den Balkon und winke, aber leg vorher das Buch aus der Hand. Wäre doch schade, wenn es ein paar jugendlichen Rotznasen in die Hände fallen würde.

Inhalt

Einladungen

Die Wandmüllers willst du einladen? Haben die uns denn jemals eingeladen? Wann haben uns denn die Wandmüllers mal eingeladen, frag ich dich? Bitte? Gut, das eine Mal, damals, als er vierzig wurde, aber besonders war das ja nicht, du erinnerst dich doch wohl? War doch lausig steif und ungemütlich und das Essen so kalt und geschmacklos wie ihre ganze Bude, abgesehen davon, dass es furchtbar langweilig war, vergessen? Du bist sogar eingeschlafen, erinnerst du dich? Also komm, komm, erzähl nichts. Die Wandmüllers kommen immer gerne, schöööön sitzen und sich vollfressen, aber hallo. Na, dann schau mal richtig hin, mein Lieber, du stehst ja nicht in der Küche. Er mit seinen saublöden Witzen, die mit jedem Schnaps lauter und dreckiger werden. Sie, immer so herrlich bräsig und breitbeinig im Sessel, charmanter Anblick.

Meinetwegen, sag ja nix, ist ja schließlich dein Geburtstag, aber wenn du die Wandmüllers einlädst, kannst du gleich die prachtvollen Grintbeils dazu einladen. Mach, mach ruhig. Wenn die nämlich hören, dass Wandmüllers eingeladen sind und sie nicht – na, danke, dann zieh dich mal jetzt schon warm an. Das fördert gute Nachbarschaft! Du musst es wissen, ist ja schließlich dein Geburtstagstraum mit Wandmüllers und Grintbeils, na, herzlichen Glückwunsch, freu mich jetzt schon. Ich soll sachlich bleiben? Mein Lieber, immerhin muss ich ja auch den Abend mit denen verbringen, so ist es ja nicht. Aber wenn ich mal meine Cousine Hanna einlade, gibts immer ein Mordstheater. Natürlich, jedes Mal. Hanna konntest du von Anfang an nicht leiden. Aber Wandmüllers, die, ja die, weiß gar nicht, was du an den Leuten findest. Bitte, bitte, ist ja dein Geburtstag, ich halt mich da raus, fehlt bloß noch, dass du auch noch die Pfahls einlädst, sag ja nur.

Warum nicht, wenn Wandmüllers und die Grintbeils schon mal da sind, warum nicht die guten Pfahls?

Darf ich doch mal fragen, oder darf ich dich jetzt auch nichts mehr fragen? Na, prima. Die hocken hier bis zum Frühstück und quatschen unentwegt über ihre soooo erfolgreiche, soooo gescheite und sooooo hässliche Tochter. Warum ich mich so aufrege? Ich rege mich überhaupt nicht auf, ist doch nicht mein Geburtstag, hör mal. Ich halt mich da raus. Am besten lädst du noch die ganze Straße ein, na, das Chaos kannst du nachher selber wegräumen, denk nicht, dass ich auch noch deren Saufmüll entsorge. Natürlich, die schlucken doch wie die Kamele. Lad doch ein, wen du willst. Bitte? was denn jetzt? Wandmüllers also nicht? Meinetwegen, wie du willst, aber dann fühlen die Grintbeils sich nicht wohl, das sag ich dir jetzt schon, Pfahls schon gar nicht. Also keinen von denen? Ja, was denn nun? Wie du möchtest, wie du möchtest. Mein Gott, du weißt ja nun wirklich nicht, was du willst. Erst die Wandmüllers, dann die Grintbeils, dann die Pfahls, dann die ganze Straße, dann wieder gar keinen – bei uns gehts ja zu wie bei Loriots!

Politiker auf Geburtstagsfesten

Wenn du erwachst

Der Hund macht seine Morgenwurst,
die Fliege putzt die Beine,
der Elch stillt seinen ersten Durst,
die Waschfrau spannt die Leine.

Die Kinder streben in die Schule,
die Gräfin sattelt auf,
der Bagger baggert eine Kuhle,
der Kunde macht den Kauf.

Die Maus macht ihren ersten Klick,
die Disco schließt die Türen,
der Lover macht den ersten Fick,
der Alk lässt sich verführen.

Der Dieb klaut sich das Frühstücksbrot,
der Fuchs schnappt sich die Beute,
die Nutte schminkt die Lippen rot,
der Schlauch bespritzt die Leute.

Noch diesen Wunsch hier ganz geschwind,
am Ende dieser Seite:
Im nächsten Jahr, Geburtstagskind,
sei froh und niemals pleite!

Die Wende

Die Zahl Vier hat scheinbar etwas Magisches, viele muntere Vierziger spüren plötzlich das Bedürfnis, in ihrem Leben etwas zu verändern, obwohl sie gestern noch zufrieden waren. Plötzlich bricht der alte Traum in ihnen auf, in ein gelobtes Land auszuwandern, all die seelischen und materiellen Altlasten für immer in der alten, kalten Heimat zu lassen und wie neugeboren ganz von vorne anzufangen. Einige zieht es in den Norden, vielleicht Elche züchten in Schweden? Andere wandern aus nach Australien und gründen dort eine Boxschule für Kängurus, oder es zieht sie als Geldwäscher nach Amerika. Wo und wie auch immer, alle eint die Begeisterung über das Klima und die Herzlichkeit der Bevölkerung. „Das", so hört man durchgängig, „hat man in Deutschland alles nicht." Dafür haben wir das bessere Bier und die besseren Bratwürste.

Feste feiern

So reichhaltig man an seinem Ehrentage beschenkt wurde, so reichhaltig erhielten es die Gäste in Form von Speisen und Getränken auch zurück. Mitunter verzehrte ein Gast mehr als das Vierfache von dem, was er für sein Geschenk ausgegeben hatte. Ein Trend, als unmittelbare Folge der Geiz-ist-geil-Seuche, der sich durch unsere ganze Gesellschaft fraß. Daraufhin gründete sich der „Interessenverband zur Erhaltung der Geschenkkultur". Immer mehr Gastgeber schlossen sich ihm an und wehren sich nun offensiv gegen diese unsäglichen Verluste bei privaten Feierlichkeiten. Die Folge ist, seit einiger Zeit erhalte ich verstärkt Einladungen, in denen ich im Grunde in höflicher Dreistigkeit gebeten werde, mir meine Verpflegung gefälligst selbst mitzubringen. Und nicht nur für mich, es soll sogar auch noch für all die anderen Gäste reichen.

„Wir haben gedacht, nichts ist schmackhafter als die eigene Küche. In unserem Freundeskreis wimmelt es nur so von genialen Hobbyköchen, wir wollen euch allen so gerne ein Forum bieten. Kocht, was ihr könnt! Der Applaus ist euch sicher!"

Das ist Zwangs-Catering, das ist scheinheilige Nötigung!

Wo sind die Zeiten, wo man noch vom Gastgeber von hinten bis vorne verwöhnt, vollgestopft und vollgetankt wurde? Gastgeber, die ihre Goldreserven ins Pfandhaus geschleppt haben, nur um das Geld für die Verköstigung ihrer Geburtstagsgäste zu beschaffen, die einem jeden Wunsch von den Augen abgelesen haben, die, kaum hatte man sein Bier zur Hälfte ausgetrunken, sofort mit einer neuen Flasche hinter einem standen. „Darf ich nachschenken? Hast du alles? Du sagst, wenn dir was fehlt?" So sprach diese menschenfreundliche Seele und schloss das komplette Programm ihrer sorgenden Herzensfülle mit einer wundervollen Frage ab, die mich stets wohlig entspannte und restlos aufgehoben, also rundum versorgt fühlen ließ, sie lautete: „Es ist noch genug draußen."

Sofern noch genug draußen ist, bewirkt das in mir allerbeste Stimmung, allein schon, weil ich von Geburt an zu der Panik neige, dass ich eventuell nicht richtig satt werden könnte. Die Ursache dieser Phobie liegt ursächlich in meiner Jugend, als ich arg untergewichtig und klapperig durchs Leben lief und deswegen aus Scham selbst in einer Sauna meine Kleidung nicht ablegte.

„Du kannst doch so wundervollen Nudelsalat? Hast du Lust, ein oder zwei große Schüsseln davon mitzubringen? Ach, das wäre schön. Rebekka macht auch ihre göttlichen Heringshäppchen."

Ob ich Lust habe? Nein, habe ich nicht. Aber wenn ich mit leeren Händen anrücke, schließen die anderen schmallippig ihre Tupperware-Schüsseln, also, mitgeladen, mitgefangen. Wer ist übrigens Rebekka? Rebekka kann sich ihre Heringshäppchen in die Haare schmieren, ich esse keinen Hering – womöglich noch aus Südafrika? –, aber Rebekka wird sich vermutlich gierig auf meinen göttlichen Nudelsalat stürzen. So nicht! Deshalb werde ich einen Zettel an meine Schüssel heften, auf dem ich gewisse Personen vom Genuss meines Nudelsalates ausschließe. Vielleicht richte ich eine Benutzersperre ein?

„Erst deine Zugangsdaten!"

„Kartoffelsuppe mit Würstchen!"

„Oh! Die Kartoffelsuppe ist von dir? Esse ich gerne. Dann darfst du auch gerne an meinen Nudelsalat."

Simon bringt Grillfleisch (darf an meine Kartoffelsuppe), Simone Kartoffelsalat (darf), Uta Schinkenröllchen (darf nicht), Hanna Tomatensalat (darf nicht), Hannes Frikadellen (darf), Anna-Lena Algengebäck (darf auf keinen Fall), Manfred Avocado-Creme (darf), Felix Tiramisu (darfdarf), Ina Pflaumenkuchen (darf) und Robert die Käseplatte (darf).

Für die Hardware, also das sind die Sitzbänke und Klapptische, sorgen Katrin und Olaf, für Pappteller und -becher sowie Plastikbesteck sorgt Marco, die Fackeln für draußen bringt Amelie mit. Was die Gastgeber zu dem Fest beisteuern? Von ihnen sind die Getränke und das große rote Sparschwein am Eingang, auf dem fett geschrieben steht:

„Nur Kamele saufen umsonst!"

Marie und Sepp

Abgefahrene Alterskomödie aus der Welt der Menschenlawinen. Pistenkino vom Allerfeinsten. Maries kleiner Wasch-Slalom und Sepps Welt als Kabinenreiniger, das ist Schnee von heute. Fein in den Nebenrollen: Corsetta Hagen als Gletschernudel und Ingemar Globatsch als Jager-Tee, zu köstlich. Umwerfend die schwungvolle Geburtstagsrede von Schwiegervater Semmler (Gerald Jausen) und seinem anschließenden Sturz in die Möhren-Bowle. Hier spürt man die deutliche Handschrift von Altmeister Robbenbrunz, der schon in „Köttels Seifenschale will" so einfühlsam Regie führte. Man muss den Film einfach mögen müssen.

Jugend perdu

Feinsinniges Melodram mit Hoss von Memmingen als Naturforscher Van der Stab, der auf einer Pilgerfahrt seine Lebensmitte sucht und dabei auf die Landvermesserin Cora Knöll-Fersengeld trifft, die ihm völlig neue Koordinaten vermittelt. Beeindruckend die Kameraführung von Justus Lobbinger, der den Betrachter in üppigsten Bildern schier ertränkt. Umwerfend die Szene, wo Van der Stab sein Geschäft im wogenden Maisfeld verrichtet. Menschen in instabiler Lebenslage werden nach dem Film viel reden wollen. Dafür eignet sich Ogürs kleine Döner-Kate mit seinen kostenlosen Schnupftüchern und den Tränenschälchen ganz hervorragend.

Wie sich das Windrad dreht

Afrika zur Kolonialzeit. Die vierzigjährige Betty (Hanna Windraster) sitzt allein auf ihrer Farm und schaut ihren Schwarzarbeitern zu. Ihr Gatte Bure Lance (Hanno Sack) ist wie immer auf der Jagd nach anderen Weibern. In dieser wehmütigen Stunde, allein mit ihrer Mango-Nuss-Torte, taucht am Horizont im Staub der Savanne ein Reiter auf. Der Typ von der GEZ, denkt Betty erst, aber dann steigt Vater Morgana (Ulrich Ganter) vom dampfenden Ross. Wie und was sich da entwickelt, wie Betty ihren ersten Orgasmus spielt, wie Morgana zeigt, was er in der Küche drauf hat, das alles ist das Eintrittsgeld allemal wert.

17

Lad dir einen runter!

Downloade dir doch zu deinem Geburtstag einen **coolen Klingelton!** Das ist Fun Pur, denn mit Sicherheit wirst du an diesem Tag von der halben Welt angerufen. Einfach bei „runterladen?" mit der rechten Taste „ja, aber zackzack" anklicken, dann den Speichervorgang abwarten, auf „schlender zu" drücken und dann auf „als Klingelton haben will". Beim nächsten Anruf ertönt dein neuer Klingelton. Hier die Auswahl:

Luftschutzsirene – Berlin-Neukölln

Happy Birthday, Mr. President – Marilyn Monroe

Joggen im Berufsverkehr – Die Überbeine

B-b-b-bestens, wenn du fragst – Die Zitteraale

Casa con cochina – Der Chor der Bausparkasse

Du bist das Ei in meiner Pfanne – Rupert und Mutti

Weckruf des Feldwebels – Kaserne Kiel

Pupsi, das Rosettenmeerschwein – Die Kita-Kids

Fein, fein, fein, so soll es sein, sein, sein – Kenny Di

Im Dorfesgrund der Schwerverkehr – Hanni und Siggi

Der „alte" Klassenkamerad

Mein alter Zahnarzt zog in eine andere Stadt, also suchte ich mir einen neuen. Ein guter Freund empfahl mir einen ganz in meiner Nähe. „Der macht das wirklich prima, keine Angst", sagte er.

Ich rief die Praxis an und bekam auch gleich einen Termin. Das Wartezimmer war hell und freundlich, an den Wänden hingen auch mal andere Bilder als die üblichen. Ich hatte viel Zeit, sie in Ruhe zu begutachten. Plötzlich fiel mein Blick auf einen Rahmen mit einer Urkunde. Dort stand in würdevollen Lettern geschrieben und bestätigt, dass und wann der Zahnarzt sein Examen gemacht hat. Sein Name und das Datum erregten schlagartig meine Aufmerksamkeit. Könnte das sein ...? Das wäre ja ein tolles Ding! In meiner Schulzeit hatte ich einen Klassenkameraden gleichen Namens, ein schlanker blonder, aufgeweckter Kerl, und ich erinnerte mich sogar noch, dass er damals immer davon sprach, eines Tages mal Zahnarzt zu werden. Ich glaube, sein Vater war es auch. Irgendwie war ich richtig ein bisschen aufgeregt. Nach so langer Zeit, was für ein Zufall.

Kurze Zeit später wurde mein Name aufgerufen, und ich nahm auf dem Behandlungsstuhl Platz. Meine Neugierde war riesengroß. Als der Arzt eintrat, zerplatzte meine Vorfreude wie eine Seifenblase. Dieser glatzköpfige, beleibte, weißbärtige Mann mit den tiefen Falten war nun ganz gewiss nicht mein alter Klassenkamerad, unmöglich. Dafür war er einfach zu alt. Aber irgendwie ließen mich diese namentlichen und zeitlichen Parallelen nicht ruhen. Nachdem er meine Zähne untersucht hatte, fragte ich ihn vorsichtig, ob er vielleicht auch das gleiche Gymnasium wie ich in München besucht hätte. „Ja!", antwortete er höchst interessiert. „Wann haben Sie denn ihr Abi gemacht?" – „1972, warum?" – „Dachte ich 's mir doch! Dann waren wir beide tatsächlich auf derselben Schule!"

Er betrachtete mich sehr konzentriert und fragte dann höflich: „Ach? Was haben Sie denn unterrichtet?"

Wenn es um Sex geht, bist du noch genauso trickreich wie früher.

Geburtstag vermeiden

Ein Geburtstag, das wollen wir mal ganz ehrlich sagen, auch wenn es unbequem ist, ein Geburtstag kostet Geld und Nerven. Diese Sonderbelastung ist im Grunde auch durch Geschenke nicht auszugleichen, auch das muss mal ausgesprochen werden. Eine offene Gegenüberstellung von Ausgaben und Einnahmen bringt die Wahrheit zutage, nämlich Miese. Viele Menschen haben das erkannt und die Konsequenzen gezogen: Sie sind an ihrem Geburtstag einfach nicht anwesend. Ein Postfach für eingehende Geschenke und eine kleine vorgedruckte Karte, auf der man sich höflich für die eingegangenen Präsente bedankt, reichen völlig. Es sollte darauf auch kurz erwähnt sein, warum man nicht feiern konnte. Hier einige konkrete Anregungen:

„Musste geschäftlich nach Burundi."
(Vorteil: weit weg)

„Hatte eine Einladung von Queen Elizabeth!"
(Vorteil: nachvollziehbar)

„War in Quarantäne."
(Vorteil: weckt Mitgefühl)

„Musste Schiff überführen!"
(Vorteil: unerreichbar)

„Bin im Gebirge aufgehalten worden."
(Vorteil: passiert jedem)

„War im Container eingesperrt."
(Vorteil: schwer nachzuprüfen)

„War zu Dreharbeiten in Hollywood."
(Vorteil: weckt Anerkennung)

Das sind nur einige Vorschläge, die sich, das muss hier zu guter Letzt auch noch mal gesagt werden, in der Praxis bewährt haben und sogar von der „Stiftung Ausreden-Test" das Prädikat „Besonders glaubhaft" erhielten.

Das Wandergeschenk

Ich mag Lena und Ingo, es sind zwei höchst liebenswerte Menschen, aber ich fürchte mich vor ihren Geschenken. Lena und Ingo gehören zu den Menschen, die immer erst Minuten vor einem Geburtstagsfest bemerken, dass jeder davon ausgegangen ist, der andere hätte das Geschenk besorgt. Und jedes Mal kriegen sie sich darüber kräftig in die Haare. In so einer Situation muss man notgedrungen improvisieren, gegebenenfalls schweren Herzens auch mal aus dem eigenen Lebensbereich etwas opfern, wenn nötig, auch mal auf dem Dachboden oder im Keller stöbern. Und genauso, giften böse Zungen, sähen die Geschenke von Lena und Ingo auch aus. Jedenfalls standen diese beiden lieben Menschen nun strahlend vor mir und quetschten und küssten mich.

„Du Lieber! Gaaaanz herzlichen Glückwunsch zum Geburtstag! Alles Gute, alles Liebe, bleib so, wie du bist und hier eine Kleinigkeit für dich! Wir hoffen, es gefällt dir?"

Die Handlichkeit und Leichtigkeit ihres Geschenkes stand im starken Kontrast zu der Schwere meiner Befürchtungen. Oh, oh!

„Ihr Lieben! War doch nicht nötig, da bedanke ich mich gaaaanz herzlich! Ich danke euch!"

Was man halt so sagt. Lena und Ingo gehören auch zu der Sorte Menschen, die einen dermaßen drängend anstarren, dass einem nichts anderes übrig bleibt, als der spürbaren Aufforderung nachzukommen, vor ihren Augen das Objekt auszupacken. Sie hungern nach der Bestätigung, dass ihre Schenkung trotz aller Hektik ein Volltreffer ist, sie wollen einfach hautnah miterleben, welchen Glücksrausch sie beim Empfänger auslösen.

Aus dem quietschbunten Geschenkpapier löste sich ein obskures Objekt, ein verschlungenes Drahtgebilde, auf den ersten Blick eine typische Abschlussarbeit des Volksschulkurses „Draht und Kreativität". Mein ratloser Blick blieb nicht unbemerkt.

„Ein Serviettenhalter!!!!!", schrie mich Lena an und rüttelte an meiner Schulter, als müsse sie mich aufwecken.

Das klang für mich auf der Entzückensskala wie „Du hast sechs Richtige!". Nie in meinem Leben zuvor hatte ich so ein hässliches Teil gesehen, ganz abgesehen davon, dass ein Serviettenhalter in der Rangordnung meiner Bedarfsartikel auf Platz Eintausendneunhundertvierundzwanzig rangierte. Lena und Ingo hatten mal wieder einen ihrer echten Volltreffer gelandet.

„Natürlich!!! Ooooh, da freue ich mich aber sehr. Wie praktisch!"

Genau diese Heucheleien tragen dazu bei, dass vor den Beichtstühlen immer so lange Schlangen stehen. Jedenfalls hatte das Drahtgeflecht nun eine neue Heimat, und zwar im großen Schrank hinter dem Stapel „Mens Health", vergraben und versteckt. Aber, wie sich herausstellen sollte, nicht vergessen. Monate später sollten wir zum Geburtstag von Kerstin, einer Person aus dem Freundeskreis meiner Lebenspartnerin. Uns fiel beim besten Willen nicht ein, womit man ihr eine Freude machen konnte, Kerstin hatte einfach schon alles, wie die meisten Menschen in un-

serer Gesellschaft. Da, durchfuhr es mich in genialer Eingebung, wäre doch ein individuelles Geschenk, ein Unikat aus den schöpferischen Händen einer Volkshochschulkursabsolventin, genau das Richtige!?

„Ach, ihr Lieben! Mein Gott, wie schöööön! Und wie praktisch!"

Kerstin drehte und wendete ihren neuen Serviettenhalter und war ganz entzückt. Und wir waren heilfroh, dass wir das grauenvolle Teil los waren. Sechs Wochen spä-

ter sah ich es auf dem Geburtstagstisch von Ronny. Überhaupt kein Zweifel, das war unser Serviettenhalter, da lag er, selig an die Geburtstagstorte gekuschelt. Als Kerstin uns vor dem Tisch stehen sah, bekam sie einen knallroten Kopf. Im nächsten Monat feierte Niki seinen Geburtstag in einem Gartenlokal, unter dem Applaus der Gäste öffnete er ein Geschenk nach dem anderen. Das Objekt mit der roten Schleife war eindeutig unser Serviettenhalter. Wie süß. Drei Wochen später stand das Prachtstück prallvoll mit gelben Papierservietten stolz auf dem gedeckten Tisch von Tina. Sie hatte uns zum Essen eingeladen. Den Serviettenhalter? Den hatte ihr kurz zuvor Uwe zu ihrem vierzigsten Geburtstag geschenkt. Na, endlich. Die Odyssee eines drahtgeflochtenen Serviettenhalters hatte endlich ein glückliches Ende genommen, es hatte sich eine gute Seele seiner erbarmt und ihn seiner berufenen Funktion zugeführt. Er hatte seine Heimat gefunden.

Monate vergingen.

Am Samstag letzter Woche feierte meine Lebensgefährtin im kleinen Kreis ihren Geburtstag. Das Objekt in der knisternden Klarsichtfolie, das die Brinkmanns ihr beim Eintreten strahlend überreichten, erkannte ich sofort. Es weckte in mir die gleichen Gefühle, als träfe ich auf einen ungemein anhänglichen Freund aus der Welt des gebrauchsfähigen Kunsthandwerks. Am letzten Wochenende habe ich ihn mittels eines Lötkolbens zu einer Obstschale umgearbeitet und hellgrün lackiert. Nächsten Freitag feiert Gesa ihren Geburtstag, dann wird eine Obstschale, vormals Serviettenhalter, im schmucken Geschenkpapier zu ihr auf die Reise gehen. Wir sehn uns, kleines drahtiges Obstschälchen!

25

Way out, Kevin McCluster
19,99 Euro

Das ist mal wieder gute Road-Literatur. Das ist gesunder Schadstoff für die domestizierte Männerseele. Die Geschichte kurz erzählt: John Image wird vierzig. Und das im zweiten Babyjahr. John lernt Ron kennen. Auch Ron ist zu Hause und hütet seine zwei kleinen Töchter. Rons Frau arbeitet in der gleichen Konservenfabrik wie Johns Frau. Beide Männer wollen mal ein Wochenende an die Küste. In Johns altem Jaguar E-Type. Das tun sie. Auf der Fahrt lernen sie Boobs und Lara kennen, zwei superblonde, blutjunge, weltoffene, üppig gebaute Ex-Playboy-Bunnys, die auf der Flucht vor Hugh Hefner sind und ihr Abitur nachmachen wollen. Klingt schon mal ungewöhnlich spannend, oder? Mehr will ich nicht verraten, bin ja selber erst auf Seite 73.

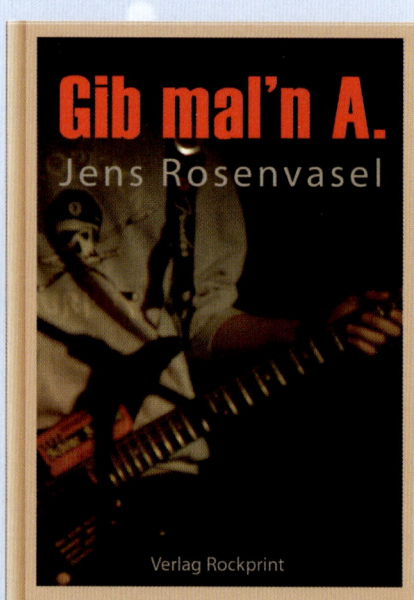

Gib mal'n A., Jens Rosenvasel
14,99 Euro

Wer Spaß an Musik hat, also an richtiger Musik, also nicht Mozart, Beethoven oder Bach, also ich meine nicht diese ganze Spinett-Mucke, sondern echten, klassischen Rock'n'Roll, der wird dieses Buch mit Umschlagdeckel verschlingen. Dennoch, es ist kein Buch für eine Nacht. Mal riecht es nach kaltem Zigarettenrauch, mal nach spontanem Garderobensex, mal klebt es wie Bierpfützen auf dem Verstärker. Man liest, liest und merkt erst am Buchrücken, dass man völlig am Ende ist.

Schantall, Maria Lustgerber-Unstutz
24,– Euro

Vierzig Jahre Schantall. Wien, Graz. Schärding – wir sind dabei! Die Schläge des cholerischen Zitterspielers, wir spüren sie, die Küsse des liebestollen Zölibaten, wir schmecken sie, die Pfeifen des Organisten, wir hören sie in erschaudernder Dichte. „Schantall!", so möchte man schreien, „warum gabst du dem Werben des Schrankenwärters nicht nach?" Jeder wusste, dass er begütert war und seinen ganzen Lohn in tibetanische Gebetsmühlen steckte. Ein Buch, das man erst ausgelesen hat, wenn es beendet ist. Wie magisch. Ein Frauenbuch. Ein Buch über eine Frau. Freilich fraulich. Genug! Frauen wir uns auf dieses sinnliche Stück Literatur.

Grüne Bodylotion, Rosa Kosacke
14,90 Euro

Kosackes zweites Werk, ein Mussmuss. Nichts hat sie von ihrer sprachlichen Grandezza verloren, jongliert mit Worten, scheinbar irrwitzig hier, orientierungslos dort, so scheint es – doch niemals würde sie ihren Leser aus den Augen lassen. Die Zerrissenheit der reifen Frau, man kann sie greifen, die Fragen an das Ich. Frau möchte antworten. Das ist die verquaste Kosacke, wie wir sie lieben. Grandios das Finale, ohne Hoffnung endet dieses Buch ... aber nein! Da naht die Erlösung in der straffen Gestalt des Grafen von Hannewacker! Oh Gott! Hätte ich das nicht schreiben dürfen ...???

Gut ist, dass du in deinem Alter in der digitalen Welt angekommen bist,
schlecht ist, dass du deinen Ordnungszwang mit rübergenommen hast.

Die persönliche Note

Es war eine anstrengende Organisation, aber für liebe Freunde und Gäste tut man alles, schließlich soll es eine gelungene Party werden, man macht so was ja nicht alle Tage.

Und es gefällt. Die Gegebenheiten werden gelobt, die Speisen gepriesen, die Getränke verköstigt und die Wahl der Eingeladenen wird für gelungen empfunden. Der Gastgeber lehnt sich erschöpft zurück, hockt blass, aber glücklich vor seiner kleinen, gemieteten Musikanlage, um mittels sensibel vorbereiteter Musiktitel der Stimmung den entscheidenden Kick zu geben, und genießt die aufgekratzte Meute. Eine geglückte Fete!

Nicht ganz!

Als Erstes tritt Thomas auf mich zu. Er wirkt unruhig und möchte mir offenbar etwas sagen. Zwischen den beiden mächtigen Lautsprecherboxen ist die Verständigung nicht einfach, aber ich verstehe letztlich doch.

„Danach kann doch keiner tanzen!! Spiel doch mal „Hölle, Hölle, Hölle!" von Wolfgang Petri!!!", brüllt er mir launig ins Ohr.

Ich möchte zurückbrüllen, dass ich angesichts der bedeutenden Menge an Tanzpaaren, die sich da gerade zur augenblicklichen Musik bewegen, den Eindruck hätte, ich läge nicht ganz so falsch mit meiner musikalischen Auswahl, aber ich sei natürlich bestrebt, es allen recht zu machen, nicke freundlich und vermeide es bewusst, ihm noch eine ganz persönliche Bemerkung nachzulegen, in der ich zum Ausdruck brächte, dass ich persönlich Wolfgang Petri bescheuert finde, aber der Meinung bin, dass man im angetrunkenen Zustand nach allem tanzen kann und dass sogar ich selbst persönlich schon mal danach getanzt hätte, weil, man will ja einfach nur Spaß haben und so und soll, jedenfalls in solchen Situationen, nicht alles so eng und persönlich sehen. Diese lange Ausführung hätte aber meine Stimmbänder für immer ruiniert. Mein Nicken allein stellt Thomas aber auch nicht zufrieden.

„Wer is 'n daaaasss???", schreit er mich an.

„Eminem!!!", schreie ich.

„Furchtbar!!", schreit er.

„Wolfgang Petri??", schreie ich und wedele mit einer CD „Feten-Hits" und zwinkere ihm zu.

„Jouuuh!", ruft Thomas und trollt sich voller Zuversicht.

Er ist zufrieden, und ich denke mir, kommt Zeit, kommt Petri. Immer mit der Ruhe. Thomas sieht das anders, er hat es sich zu seiner Aufgabe gemacht, seinen Lieblingsinterpreten auf Platz eins des Abends zu hieven, und behält mich fortwährend im Blick. Er umkreist meine kleine Diskothek, bis ich endlich mürbe bin.

Obgleich da auf der Tanzfläche ein Rudel Latinofreunde voll auf ihre Kosten kommt, sehe ich mich gezwungen, eine Runde Petri einzuschieben.

Von der Tanzfläche kommt ein vielstimmiges Stöhnen: „Ooooh, neiiiiiin!!!"

Schlagartig verlassen die Latinofreunde den Tanzboden, dafür stürzt eine neue Gruppe Tanzlustiger heran, unter ihnen der überglückliche Thomas.

„Spiel doch mal vernünftige Musik und nicht so 'ne Scheiße!!!" Karin steht vor mir, ziemlich ärgerlich. Ich nicke großmütig und gebe mich beflissen, wühle in CDs und fische eine Scheibe raus, von der ich annehme, sie träfe Karins Musikgeschmack.

Kaum habe ich sie aufgelegt, stürzt Thomas auf mich zu und Karin auf die Tanzfläche. Ich entscheide mich daraufhin für einen neutralen, schwungvollen Oldie.

Daraufhin beschweren sich Sönke und Sarah. Also lege ich für sie einen Technotitel auf. Das bringt Paul und Karla auf den Plan. Ihren Wunschtitel von Hans Albers habe ich nicht, könnte aber mit Frank Sinatra dienen. „Meinetwegen", brummt Paul und schwenkt auf die Tanzfläche ein. Schon

geht die nächste Mine hoch. Robert, ein unverwüstlicher Woodstockfan, drängt energisch auf Jimi Hendrix und dessen legendäre Interpretation der amerikanischen Nationalhymne. Meine Einwände, dass dies kein besonders günstiger Titel zum Tanzen sei und ich außerdem das Werk auch im Augenblick nicht zur Hand habe, deprimieren ihn.

Ich tröste ihn mit „Let's go to San Francisco", und Robert tanzt dazu einsam den Bärentanz. Einige gehen jetzt. Ich werde nervös.

Nun tritt Sönke strahlend auf mich zu: „DIE musst du spielen!!" Er war kurz mal die 35 Kilometer zu sich nach Hause gefahren, um einen Stapel CDs zu holen, darunter seine heiß geliebten „Depeche Mode". Von hinten brüllt eine sich überschlagende Mädchenstimme „Tokio Hotel!!!", „Robbie Williams!!", kreischen die Nilsen-Zwillinge, Robert drängt beharrlich auf „Leonard Cohen" und die züchtige Nachbarin wünscht sich schüchtern die „Wildecker Herzbuben".

Von hinten kämpft sich jetzt Herbert, der Tischler, mit einem Sortiment alter Elvis-Schallplatten durch die Menge. „Lili Marleen!", höre ich noch aus dem zahnlosen Mund der angetrunkenen Witwe Neumann, dann stürze ich von der Diskothek zum Klo und überlasse die musikalische Regie den Gästen.

Spiel doch mal den Soundtrack von Benjamin Blümchen! //

Zu vorgerückter Stunde, so wurde mir später vermittelt, kam es noch zwischen Robert und Paul wegen einer musikalischen Unstimmigkeit zu einer tätlichen Auseinandersetzung, gegen 5 Uhr morgens dominierte dann wohl kurzzeitig die Rockebilly-Fraktion, wurde aber später von der trinkfesten Irish-Folk-Gruppe vertrieben.

Ich hatte mich längst dem Verzehr von leckeren Speisen und süffigen Getränken gewidmet, viele interessante Gespräche geführt und habe am nächsten Tag mit Freude vernommen, dass alle fanden, es war ein überwältigendes Fest.

Nur die Musik sei wohl nicht so nach ihrem Geschmack gewesen.

Belauschte Paare

Rohling Mann

Männer sind manchmal so ganz anders. Die liebevolle Pflege von klei-
nen Ritualen, das Speichern von traditionellen Terminen, insbesonde-
re Geburtstagen, ist ihre Sache nicht.
Niemals hingegen würden sie den TÜV für ihr Auto vergessen, der Ki-
lometerstand ist ihnen förmlich ins Hirn gebrannt. Auch den exakten
Zeitraum von Fußballwelt- oder Europameisterschaften haben sie per-
fekt im Kopf, aber mit anderen Festlichkeiten tun sie sich halt schwer.
Hirnforscher machen dafür den Teil der männlichen Denkmasse ver-
antwortlich, den sie auch „die emotionale Kabine" nennen. Dieser Be-
reich ist im Laufe der Evolution beim Mann durch Jagen und Sammeln
verkümmert, dafür ist ein Bereich des Hirns weitaus stärker entwickelt,
den die Forscher die „rustikale Werkstatt" nennen. Diese Erkenntnis
tröstet die Frau wohl wenig, wenn sie wieder mal feststellt, dass er ih-
ren Geburtstag schlechtweg vergessen hat. So sollte sie wenigstens aus
dem Versöhnungsgeschenk rausholen, was rauszuholen ist.

34

35

Einmal im Jahr

Der Mensch, der ist ein Nimmersatt,
er will gern immer mehr,
und wenn er mal Geburtstag hat,
da freut er sich schon sehr.

Doch einmal nur Geburtstag-Tag?
Warum nicht neun, nicht zehn?
Ein jeder es doch gerne mag,
im Mittelpunkt zu stehn.

Es gibt nun mal nur ein Event,
das dir im Jahr geschenkt,
genieß gefälligst den Moment,
der deinem Lebensstart gedenkt.

Nun stell dir vor, du wärest noch
zehnmal im Jahr geboren,
dann hättest du neun Klone noch
und wärst nicht auserkoren.

So wirst allein nur du geküsst,
und alle Gäste strahlen,
weil du ihr ganzer Liebling bist,
denn du wirst alles zahlen.

Ich nenne das Rausschmiss

Zugegeben, ich hatte mich vergrößert, aber ist das ein Grund? Wenn man mich fragt, also, ich war zufrieden. So preiswert wohne ich nie wieder. Man kann sagen, wie Vollpension.

Kost und Logis frei, Heizung und Strom inklusive. Kann man nicht meckern. Und dann ohne Begründung, von heute auf morgen, der Rausschmiss. Unerhört!

Ich habe mich nie beklagt, gut, es hätte mich auch nie jemand gehört, die Menschen heute sind ja alle so sehr mit sich beschäftigt, wen interessieren da schon fremde Wohnungsprobleme. Aber wenn mir was nicht passt, kann ich durchaus auch Signale setzen. Manchmal habe ich dann nur gegen die Wände geklopft oder ein bisschen gerumpelt, das reichte schon, um meinen Unmut zu vermitteln.

So einen geduldigen Untermieter findet meine Hausbesitzerin nie wieder, da kann sie lange suchen. Weiß nicht, ob sie die Wohnung leer stehen lässt oder wieder anderweitig vermietet, keine Ahnung. Wir hatten uns doch so schön aneinander gewöhnt.

Ich war ein angenehmer Mieter, wirklich. Nie laut oder anderweitig auffällig, hab nie einen Wasserrohrbruch fabriziert oder eine Verstopfung verursacht, oder was anbrennen lassen oder so, zugegeben, ich habe auch niemals gekocht, hab mir das Essen ja immer kommen lassen. Keinen einzigen Tag hatte ich Besuch, das muss man sich mal vorstellen, andere feiern ständig Partys. Auch Haustiere oder so was, kein Thema. Okay, meine Bude war nicht allzu groß, mit der Zeit wurde sie auch enger und enger, aber man kennt das ja. Typische Single-Behausung, da kommt ja immer ein Haufen zusammen.

Zudem bin ich ein bescheidener Mensch, brauch nicht viel. Ich traue es mich gar nicht zu sagen, aber grundsätzlich war ich in meiner Wohnung nackt. Es war immer so schön warm, ich mag dann keine Klamotten am Körper. Jeder, wie er's mag, sage ich immer.

Der Rausschmiss kam für mich auch völlig überraschend, von heute auf morgen. Ich hatte noch nicht mal Zeit, meinen Anwalt einzuschalten oder mich wenigstens bei der Mieterberatung zu erkundigen. So kann man doch nicht mit einem jungen Menschen umgehen. Nur weil ihr die Wohnung gehört meint sie, sie kann mich einfach so rausschmeißen? So was geht doch nicht. Bis dahin hatten wir uns eigentlich bestens verstanden, umso größer dann der Schock. Ich weiß auch gar nicht, was sie dazu getrieben hat?

Hatte ich schon gesagt, dass sie mit mir im selben Haus lebte? Das ist oft nicht ganz so einfach, Eigentümer und Mieter unter einem Dach, hört man ja hier und da. Unruhiger war sie schon in letzter Zeit, wenn ich so drüber nachdenke. Ich hörte sie öfters schnaufen. Hab mich manchmal schon gefragt, ob sie wohl unzufrieden ist? Viel wusste ich eigentlich nie von ihr, sie hat mich auch nie besucht. Klingt jetzt unglaublich, aber ich habe sie niemals gesehen, wusste bis zu meiner Kündigung nicht, wie sie überhaupt aussieht. Das muss man sich mal verdeutlichen. Wie ein Phantom, die Frau. Wenn ich sie nicht regelmäßig gehört hätte, hätte ich vermutet, es gibt sie gar nicht. Warum habe ich Sie eigentlich niemals eingeladen? Hab ich tatsächlich nie. Ob sie womöglich deswegen sauer war? Aber, ich nackt – und dann Damenbesuch? Da bin ich keusch, tut mir leid.

Ich bin ja ein friedlicher Mensch, aber möchte schon mal sagen, dass ich einige Male auch Grund gehabt hätte, mich über sie zu beschweren. Wenn sie mal Gäste hatte, war sie oft reichlich ausgelassen. Ich hatte immer den Verdacht, dass so manches Gläschen diesen Zustand noch spürbar verstärkt hat. Nein, maßlos getrunken hat sie nicht, sage ich ja auch gar nicht, ist nur so eine Vermutung, mehr meine ich nicht. Wenn sie dann tanzte, war in meiner Bude die Hölle los, ich konnte dann nie richtig schlafen. Das schien ihr aber reichlich egal gewesen zu sein. Sie war ja die Hausbesitzerin. Und dann ihre Streitereien, ja, kam schon gelegentlich vor. Ich hab nur immer die Stimmen gehört, waren oft verschiedene. Eine tiefere kam häufiger vor. Erreicht einen ja denn doch, so eine schlechte Stimmung. Konnte ich oftmals auch nicht so gut schlafen, bin da eben sensibel.

Gelegentlich klopfte sogar jemand recht energisch, häufig sogar sehr wuchtig an meine Tür. Ich habe nie geöffnet. Aber, ist doch schon frech, oder? Selber ziemlich lebenslustig – und so einen friedfertigen Menschen wie mich rausschmeißen. Und ohne Begründung! Sie hat dann so lange Druck auf mich ausgeübt, bis ich es nicht mehr aushielt.

Bin dann raus – nackt! –, das müsst ihr euch mal ausmalen! Oh, oh, war mir das peinlich.

Da war gleich ein ganzes Empfangskomitee, total aufgeregt, irgendwie auch eine unerklärlich freudige Stimmung. Ich war erst mal sprachlos. Da fliegt man raus, und andere freuen sich.

Verstehe einer. Dann hab ich richtig losgekräht, Mann, war ich wütend. Und kalt war mir.

Wollte mich beschweren, und was soll ich euch sagen? Die gratulierten noch meiner Hausbesitzerin und nannten das meinen „Geburtstag". Ich nenne das Rausschmiss.

Diese T-Shirts gibt es nicht bei T-Schibo, nicht im T-Schad, nicht im T-Point, sondern exklusiv nur bei uns, für unsere Geburtstagskinder! Jede unerlaubte gewerbliche Nutzung wird jedoch mit bis zu fünf Jahren Galeerendienst bestraft.

An mir ist eben das Alter spurlos vorübergegangen. Wollte zu dir.

Richtig schmecken tut **40** das Leben erst ab vierzig.

40 STEH UNTER NATURSCHUTZ.

DIESER STOFF BEDECKT EIN BIOLOGISCHES WUNDER.

Noch lecker.

4

Ich bitte um
Respekt!

HALTBAR BIS
DEZ/2070

Ich habe
vierzig.

Der Talentschuppen

*Die Aufzeichnung einer neuen deutschen Feierkultur
im chronologischen Zeitablauf.*

20.30 Uhr: Frau Herrmann, die Nachbarin, tritt gleich nach dem Essen vor und gibt ein wunderschönes, selbst gereimtes Gedicht zum Besten. Großer Applaus.

20.45 Uhr: Arbeitskollege Zöch hat auch ein Gedicht gemacht. Es beinhaltet seine gemeinsame berufliche Lebenszeit mit dem Jubilar und ist voll lustiger Anspielungen und frivoler Erinnerungen. Großes Gelächter.

21.03 Uhr: Großvater Albert zitiert ein altes Mundartgedicht in Altfriesisch. Keiner versteht ein Wort, aber alle klatschen gutwillig.

21.15 Uhr: Robert und Renate verteilen Manuskripte mit dem umgewandelten Text von „Unter sieben Brücken" von Peter Maffay: „Unter sieben Weibern soll er stehn …" Alle singen fröhlich mit, nur Pastor Eckelmann und Lehrer Matthies wirken verkrampft.

21.20 Uhr: Die Freunde aus dem Kegelverein führen in schriller Kostümierung eine lustige Posse auf, die wohl nichts mit dem Geburtstag zu tun hat, aber mächtig für Stimmung sorgt.

21.45 Uhr: Auftritt der wohlbeleibten Sportkameraden aus dem Tennisverein in Ballettkleidchen. Unglaublich lustig. Die Gäste toben.

22.10 Uhr: Das Geburtstagskind wird von den Damen des Kochklubs wie ein Baby verkleidet und muss Brei essen, Milch trinken, es wird gewaschen und gewindelt. Das Publikum brüllt vor Lachen.

22.38 Uhr: Anna Kronzuber, ein verstecktes Gesangstalent, singt eine Passage aus der Oper Aida. Kommt nicht bei allen an.

22.45 Uhr: Der Nachwuchs der örtlichen Aerobic-Gruppe führt eine Tanznummer nach einem Lied von Britney Spears auf. Die Eltern der Beteiligten sind aus dem Häuschen.

23.05 Uhr: Großvater Albert möchte im alkoholisierten Zustand mit hochprozentigem Rum eine Feuerschluckernummer darbieten. Sanfte Einflussnahme beherzter Verwandter verhindert Schlimmeres.

23.14 Uhr: Lehrer Matthies trägt ein Gedicht von Brecht vor. Die Stimmung ist gedrückt.

23.29 Uhr: Jupp Schmelzer offenbart sein komödiantisches Talent und präsentiert eine großartige Nummer im Stil eines Büttenredners. Riesenspaß. Viele sind der Meinung, das gehört ins Fernsehen.

23.42 Uhr: Der Saal wird umgeräumt. Die Damen des Häkelklubs machen eine Stepp-Vorführung wie bei Riverdance. Die Gäste stehen auf den Stühlen.

00.32 Uhr: Der völlig betrunkene Opa Albert drängt sich in die Saalmitte und versucht, von seinen Erlebnissen am Tag seines Geburtstages an der Westfront zu erzählen. Man entwendet ihm das Mikrofon.

00.36 Uhr: Timo Köster demonstriert in „Wetten, dass?"-Manier, dass er in der Lage ist, mittels der Schaufel seines neuen Caterpillars 963 B, dem Geburtstagskind eine Glasvase mit Blumen zu überreichen. Es glückt. Die Gäste tragen ihn auf Händen.

01.22 Uhr: Die Mitglieder des „Modern-Vision-Clubs" präsentieren eine Lasershow, die alle umhaut. Die Gäste sind wie betäubt.

02.14 Uhr: Opa Albert will mit seinen dritten Zähnen ein Stromkabel durchbeißen. Er hat jede Kontrolle verloren und wird resolut hinausgeführt.

02.50 Uhr: Der Saal wird völlig umgeräumt. Carmen Köster demonstriert eine Elefantendressur, wie sie noch keiner gesehen hat. Alle sagen, dass sie schon immer gut mit Tieren umgehen konnte. Frenetischer Jubel.

03.30 Uhr: Der Maurer Hans „Hanni" Bertram will den Südflügel der Gaststätte zum Einsturz bringen und aus den Steinen dem Geburtstagskind bis zum Morgen ein Denkmal mauern. Kann mit Mühe verhindert werden.

03.47 Uhr: Der Discjockey fragt, ob er jetzt Musik machen soll.

Rent the Happy Lamas!

Wer kann „Hoch soll er leben" besser interpretieren, als gestandene Musiker aus den Höhen des Andenlandes? Da sind sie, die vier aus Peru, die Alternative zur deutschen Schlagermusik und zu öden Oldies. Die Launemacher aus Südamerika bringen Stimmung in jede Geburtstagsfeier. Von „Der Condor liegt im Käsekuchen" oder „Rotz doch, Lama, Lama", bis hin zu dem Polonäseknüller „Mein Kaktus liebt Krawatten", sie haben einfach alles drauf. Mit modernster Instrumentalisierung und einem überwältigenden technischen Equipment beschallen sie jeden Saal, die beiden Frontfrauen Roberta und Conchita treiben mit ihrem Temperament dabei jeden Gast aufs Parkett. Unterhaltung aus dem Poncholand. Mal was anderes.

Geburtstag ...
ungünstig gelegen

Sind sich denn die unzähligen Liebespaare beim Fortpflanzungsakt darüber im Klaren, was das für Konsequenzen haben kann? Wir glauben nicht, sonst gäbe es nicht Massen von unglücklichen Menschen, die Weihnachten oder Silvester Geburtstag haben. Dabei ist es ganz einfach nachzurechnen, denn immer noch, auch in der schnelllebigen Zeit von heute, braucht die Frau neun Monate, um ein Kind auszutragen. Nehmen wir mal ein einfaches Beispiel: Wer am 1. April den Geschlechtsakt vollzieht, kann sich an zehn Fingern abzählen (sofern er nicht Tischler ist), dass das Resultat am 31. Dezember desselben Jahres auf die Welt kommt. Wäre es da nicht verantwortungsvoller, den Partner auf dieses Risiko aufmerksam zu machen und sich nicht haltlos in die Erfüllung hemmungsloser Lüste zu werfen, um damit einen Menschen für sein ganzes Leben unglücklich zu machen? Wer, so fragen wir, bekommt schon doppelt so viel Geschenke, nur weil er Weihnachten Geburtstag hat? Keiner! Und die Silvesterkinder gehen auch leer aus, weil alles für Knallkörper in die Luft geballert wurde. Hier wird eine Minderheit gnadenlos benachteiligt, damit eine Mehrheit Geld sparen kann.

Erklären wir doch die ersten beiden Aprilwochen zur Fastenzeit für Liebende. Mehr noch: Wir fordern es! Unterschriftenlisten liegen im Verlag aus.

Fröhlichen Weihburtstag!

Witzmann!

49

50

Die nach oben offene
Dichterskala

Die 10 bleibt völlig
unbeachtet,
weil man nach dem
Alter trachtet.

Die 20 gilt gemein
als großer Schritt
Erwachsensein.

Die 30 schluckt
man schwer
und trauert manchem
hinterher.

Die 40 macht
nervös,
man ist auf graue
Haare bös.

Die 50 stärkt
Bedenken,
es knirscht so laut in
den Gelenken.

Die 60 quält
doch sehr,
man fand sein
Schicksal nicht
sehr fair.

Die 70 trübt
den Blick,
man fühlt sich morsch
und echt antik.

Die 80 macht
beklommen,
das Lebensende scheint
zu kommen.

Mit 90 dann
das Beben:
Man will jetzt endlich
richtig leben!

Hatschi-kane

Liebste Sandra!!

Schade, dass Du nicht mit mir meinen Geburtstag feiern konntest, aber gebuchter Urlaub ist gebuchter Urlaub. Wars denn schön? Hast Dich erholt? Bist sicher wieder braun wie ein Schokoriegel, oder? Kenn Dich doch. Mein Vierzigster war insgesamt doch sehr gelungen, Wetter hätte besser sein können, aber was soll man machen. Stell Dir vor, Anna kam extra aus Saarbrücken, ich war völlig überrascht, was für eine große Freude. Sehr geärgert habe ich mich wieder mal über Stefan. Herrjeh, Du kennst ihn doch, ist ja fast immer richtiggehend eifersüchtig, wenn ich mal im Mittelpunkt stehe, würde er natürlich niemals zugeben.

Ich hatte ihn extra gebeten, tu mir einmal den Gefallen, wenigstens an meinem Geburtstag, und lass dieses saublöde Geniese. Du weißt ja, er mit seiner Hundehaarallergie und dann der Berner Sennenhund von den Rüttlers. Sie können natürlich nicht auf das Tierchen verzichten, muss ja immer dabei sein. Als ob das Vieh nicht mal einen Abend allein sein kann. Was macht Stefan? Er niest natürlich wieder wie ein Walross – ich kann es nicht mehr hören. Macht er absichtlich, damit alle merken, dass er auch noch da ist. Na, ist doch so. Erst dieser ordinär laute Nieser und dann dieses blöde Gejodel danach, sein „Haaaaaatschiiiii-lerattaholladrihöööö!", ich hätte ihn umbringen können. Wie ich das hasse. Als ob er sich das nicht wenigstens einmal, mir zuliebe, hätte verkneifen können? Ich habe ihn eindringlich gebeten, lass das bitte. Was macht er? Beim nächsten Nieser „Haaaaatschiii...ienenstrang-und-Nahverkehrrrr!" Die Gäste waren schon alle ganz peinlich berührt, aber Stefan fand sich Klasse. „Hatschiiiiee...betür-und-Schwarrrzarbeit!" Sandra, sein ganzes Programm. Abscheulich. Gab dann nochn Riesenkrach, und weißt Du, was er mir geantwortet hat? Er höre erst damit auf, wenn ich mir abgewöhne, mit meinen Rülpsern immer „Erbsensuppe" zu sagen. Wo sind wir denn?

Knutschi von Deiner Freundin *Katja*

Es ist nicht zu spät, wenn du dich jetzt bewusster deinen Kindern zuwendest, denn eigentlich sind sie ja fast aus dem Haus. Grade im reifen Alter erinnert man sich nach einer langen Zeit der Verdrängung an die eigene Erziehung und bewertet sie in vielen Fällen zumeist erstaunlich anders, eher positiver als früher. Was auch damit zu tun hat, dass man in späteren Jahren versöhnlicher wird. Eines aber will man um jeden Preis besser machen, als es die eigenen Eltern taten: die sexuelle Aufklärung! Also pack das Thema an, zaudere nicht, die jungen Menschen verstehen heute Klartext. Solltest du jedoch missverstanden werden bzw. feststellen, dass du wohl in einer bestimmten Phase vorübergehend den erzieherischen Anschluss verloren hast, dann nutze die Chance, deine Wissenslücken zu füllen. Kinder sind überglücklich, wenn sie den unbedarften Eltern mit ihrer komplexen Erfahrung auch mal etwas zurückgeben können.

MID**LIFE**

DAS MAGAZIN FÜR DIE FLOTTEN VIERZIGER

Die Scheinemacher
Flugschein, Motorradschein,
Segelschein, Jagdschein

Der Körper
Neue Leberflecke und saure Nierchen
Veränderungen tolerieren

Die Begierde
Reife Frauen und unreife Männer
Sex bis um sieben

Die Reportage
Funny Fourties
Der Verein ehemaliger
Funkenmariechen

Danke, Mutter!

In Momenten höchster Ehrung ist es längst ein hübscher Brauch, dass der Würdenträger sich bei all den Menschen bedankt, die in seinem Leben ursächlich zu seinem Erfolg beigetragen haben. Wir kennen das ja von jeder Oscarverleihung. Das kann der Küster, der Bewährungshelfer, die Nagellackentfernerin oder einfach ein guter Freund sein, viele Menschen können so leise und bescheiden im Hintergrund ihren Anteil zum Werden eines anderen beitragen. Dann, im Augenblick des größten Glückes, werden diese Engel für einen Moment aus ihrer Isolation gehoben und öffentlich gemacht. Drum wollen wir heute in diesem Buch der Mutter danken. Ohne sie gäbe es kein Geburtstag! Ohne sie gäbe es dich und mich nicht. Für die Welt eine Katastrophe! Nur Mutter besitzt die alleinigen Produktionsmittel für einen Menschen, sie ist folglich die Erz-Kapitalistin schlechthin. Ihr Bauch ist unsere erste kleine, eigene Wohnung, die neun Monate sind vorerst mietfrei, dafür zahlen wir aber später mit ewiger Dankbarkeit. Unser Dank geht also an Mutter, ohne die ... z.B. dieses Buch gar nicht möglich gewesen wäre.

Alles ist vorbei

Die Gäste sind gegangen, der Abwasch ist gemacht, die Geschenke sind gezählt. Nachdem man das Servietten-Mal-Set, das Wermut-Thermometer und die Designer-Mülltüten in die Truhe mit der Aufschrift „Weiter verschenken" verstaut hat, möchte man sich bei den Menschen mit einer kleinen Geste bedanken, die einem etwas Brauchbares verehrt haben. Gut, aber wie? Vielen fehlt es an den richtigen Worten, darum hier einige Beispiele:

Für das schnittige Geschenk aus Anlass meines Geburtstages sage ich nachträglich DANKE. Ich bin auf der Bedienungsanleitung bereits auf Seite 237 und beherrsche schon die An- und Ausschaltefunktion. Eine erste Scheibe Rinderzunge scheiterte an einer Virenwarnung, aber morgen will ich es erneut mit einem Vollkornbrot, Sorte „Friesenkante", versuchen. Noch mal von ganzem Herzen: DANKE!

sagt . . . .

Geschenkt wurde:
Eine digitale Brotschneidemaschine
Von: Arbeitskollegen

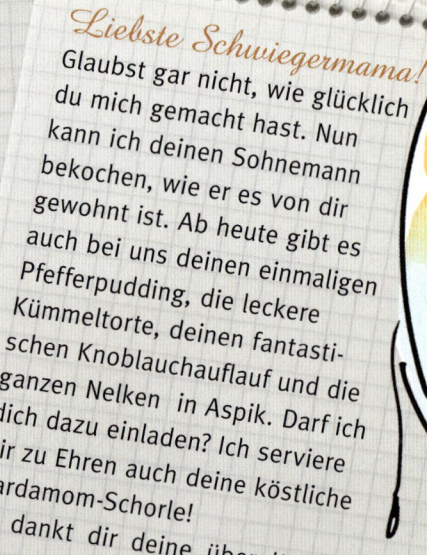

Liebste Schwiegermama!
Glaubst gar nicht, wie glücklich du mich gemacht hast. Nun kann ich deinen Sohnemann bekochen, wie er es von dir gewohnt ist. Ab heute gibt es auch bei uns deinen einmaligen Pfefferpudding, die leckere Kümmeltorte, deinen fantastischen Knoblauchauflauf und die ganzen Nelken in Aspik. Darf ich dich dazu einladen? Ich serviere dir zu Ehren auch deine köstliche Kardamom-Schorle! Es dankt dir deine überglückliche
. . . .

Geschenkt wurde:
Ein Gewürzcontainer
Von: Schwiegermutter

Liebe Familie .... !

Woher nur wussten Sie, welch riesige Freude Sie uns mit diesem segensreichen Wundermittel machen würden? Franzosenkraut und Giersch können es Ihnen nicht gesagt haben. (Hi-hi-hi) Endlich wird es zukünftig in unserem Garten genauso makellos gepflegt aussehen wie bei Ihnen. Oft stand ich am Fenster und schaute verzückt auf Ihren Traumrasen, der so wirkt wie grünes Linoleum, bewunderte Ihre messerscharfen Rasenränder, die so herrlich glatt sind wie gehobelte Tischkanten, oder Ihren entzückenden Steingarten, der so friedvoll erscheint, als lägen selige Tote darunter. Alles wird jetzt schöner, endlich auch bei uns. Dafür danke ich Ihnen! Immer an Ihrer Seite, die ....

Zwei Kinokarten fürs Dschungel-buch!

Geschenkt wurde: Zahnsteinkette
Von: Freund

Lieber .... !

Für dein einfühlsames Geschenk zu meinem Geburtstag will ich mich unbedingt noch mal bedanken. Im ersten Glückstaumel war ich nicht in der Lage dazu. Himmel, was für ein schmuckes Kettchen! Du sollst doch nicht! Am Samstag letzte Woche trug ich es in der Oper, glaubst gar nicht, wie mich alle angestarrt haben. Danke, Danke, Danke! Deine ....

Lappan · Bücher, die Spaß bringen!

Yves-Cédric Ton-That
Überleben auf dem Golfplatz
ISBN 978-3-8303-3064-6

Peter Butschkow
Überleben unter Segeln
ISBN 978-3-8303-3086-8

R. Dieckmann/J. Rieckhoff
Überleben in der Ehe
ISBN 978-3-8303-3011-1

Peter Butschkow
Überleben im Ruhestand
ISBN 978-3-8303-3094-3

Peter Butschkow
Überleben als Opa
ISBN 978-3-8303-3162-9

Peter Butschkow
Überleben als Oma
ISBN 978-3-8303-3161-2

Wir senden Ihnen gern unser Gesamtverzeichnis:
Lappan Verlag GmbH · Postfach 3407 · 26024 Oldenburg

www.lappan.de